Dämonen Ein Antitheater

von

Claudia Büchler

<u>AKT I</u>

<u>Szene 1</u>

Der Boden ist schwarz.
Eine Bank steht vor einem zerrütteten Holzhaus.
Links neben dem Holzhaus steht eine grosse Uhr,
deren Glas kaputt ist, der grosse Zeiger ist
abgebrochen, das Zifferblatt hat Risse.

Der Meister sitzt auf der Bank. Er ist
verwundet, hat überall Schnittwunden, seine
Kleidung, ein langes weisses Hemd und beige
Hosen, sind zerfetzt.
Der Wanderer steht neben ihm.

Der Wanderer trägt ein weisses Hemd, darüber
eine dunkelrote Jacke und eine blaue Jeanshose.

Der Wanderer steht dem Meister abgewandt.

WANDERER
    An einem dunklen Ort traf ich dich
    Als alle Liebe von mir wich

MEISTER
    Ich kam um dich zu retten
    Doch bald siehst du meinen toten Körper
    Du kannst mich nicht mehr retten
    Hör auf mit Dämonen zu wetten

WANDERER

        (Er hält vor sich in der Hand einen goldenen
    Anker an einer Kette.)
    Meister, du hast mir den Anker übergeben
    Es ist grausam und es fällt mir schwer
    Ich hänge an deinem Leben

        (Er drückt den Anker an seine Brust. Er lässt
        seinen Kopf hängen)

MEISTER
    Lass dich jetzt bitte nicht gehen
    Lass dir das Licht nicht entgehen

WANDERER
    Der Weg war menschenleer und voller Schlamm
    Regen und Hagel mich überkam
    Ich liess dich liegen
    Und du blutest überall

MEISTER
    Bitte, erlöse mich von der Qual
    Die Wunden sind eine hohe Zahl

(CONTINUED)

WANDERER

>   *(Er setzt sich zum Meister. Er nimmt des Meister*
> *Hand.)*
> Du hast mir so viel gegeben,
> Du gabst mir Halt in meinem Leben
> Es tut mir so weh
> Bitte, ich kann dich nicht so gehen lassen

MEISTER

> Ich hätte nicht mit dir hier her kommen dürfen
> Alles das wird dich so schmerzhaft treffen

WANDERER

> Meine Hände sind leer
> Und ich kann es nicht fassen
> Es tut weh, dich sterben zu sehen
> Ich fühle mich verloren,

MEISTER

> Gib deine Liebe nicht den Dämonen
> Und bitte, finde deinen Anker Wenn
> der Sturm dich überkommt

WANDERER

> Wie kann ich vergeben
> Bin ich doch Schuld an diesem Verlust

MEISTER

> Du musst nun ohne mich weiter gehen
> Bitte verliere nicht deine Lebenslust

>   *(Der Wanderer erhebt sich.)*

WANDERER

> Ich rief nach dir vor langer Zeit
> Hattest mich damals aus dem Dunkel befreit

MEISTER

> Und der Weg war weit
> Ich höre, wie dein Herz schreit
> Sag mir, dass ein Teil von mir
> Und Liebe in deinem Herz bleibt

>   *(Der Wanderer kniet vor dem Meister nieder.)*

WANDERER

> Wie soll ich ohne dich weiter gehen?
> Ohne deine Stimme in meinen Ohren
> Und es tut weh, dich zu sehen in dem Zustand
> Ich nehme deine Hand ein letztes Mal
> Und was jetzt? Was jetzt?

>   *(Der schwarze Vorhang wird gezogen.)*

Szene 2

Die Autorin betritt die Bühne, hinter ihr der schwarze Vorhang. Sie geht umher so wie ihre Gedanken umher ziehen.

AUTORIN
    Weit offen sind meine Augen
    Meine Gedanken sich ranken und treiben
    Ich erzähle eine Geschichte
    Meine Gedanken eine Geschichte schreiben
    Die Geschichte vom Wanderer
    Lass uns hoffen, lass uns glauben
    Es wird eine gute Geschichte sein
    Und dass er die Liebe bewahre
    Der Wanderer, nun umgeben und kämpfend mit einem
    Dämon
    Wie es ihm wohl ergeht?
    Wenn der Dämon an ihm klebt
    Der Dämon seine Fäden zieht,
    Der Wanderer, als wäre er nun ein Anderer
    Zeitmacher des Dämons Namen,

    Und der Wanderer liegt
    In seiner Geliebten Armen

    Die Liebe, ein sicherer Tron
    Der Wanderer, der sich nun windet
    In seinem Ohr des Zeitmachers Hohn

    Und seine Geliebte betet,
    Auf dass die Liebe siegt
    Und der Dämon verschwindet

Szene 2

Das Zimmer des Wanderers und seiner Geliebten hat hellblaue Wände. Ein dunkelbraunes Sofa, daneben ein Tisch, auf dem eine Sanduhr steht, ohne Sand darin. Neben dem Tisch steht eine Stehlampe. An der Wand hängt eine Uhr mit fünf Zeiger.

Die Geliebte trägt ein gelbes Top und eine dunkelblaue Hose.

Die Geliebte sitzt auf dem Sofa und trinkt einen Tee. Sofort steht sie auf, als sie den Wanderer sieht, wie er mit geduckter Haltung das Zimmer betritt.

(cont'd)
    Was ist geschehen?
    Ich dich noch nie so gesehen habe
    Ich werde bei dir sein in diesen schweren Tagen

    Wo warst du, was hat dich so verändert?

(CONTINUED)

WANDERER

>   *(Er lässt sich auf das Sofa fallen.)*
> Ich fühle mich wie gerädert
> Und ich brauche deine Hilfe
> Es sind Dämonen in mir, sie führen etwas im
> Schilde

GELIEBTE

>   *(Sie rutscht sich näher zum Wanderer. Er
> erwidert es und rutscht sich näher zu ihr)* Ich
> bin bei dir, du hast meine Hilfe
> Ich mag es, wie du dich mir näherst

WANDERER

> Ich brauche deine Liebe, die mich nährt

GELIEBTE

> Ich will dich gern wissen heil und unversehrt
> Ich will, dass es dir gut geht

WANDERER

> Ich wurde gebissen,
> deren Gift nun in mir ist
> Und ich weiss nicht, wie lange ich noch aufrecht
> stehe,
> Denn ein Schmerz mich von innen zerfrisst

>   *Der Zeitmacher tritt auf.*

>   *Er trägt schwarze Hosen und einen schwarzen,
> glänzenden langen Mantel.*
> *Er trägt eine Seil als eine weite Schlinge um
> den Hals. An einem silber-blauen glänzenden
> Band, das er als X-Form über die Schultern
> trägt, ist auf der Höhe seiner Brust eine Uhr
> befestigt. Diese Uhr hat einen breiten Zeiger.*

>   *Der Zeitmacher betritt das Zimmer, tanzt und
> stellt sich rechts vom Wanderer neben das Sofa,
> beugt sich zum Wanderer vor und flüstert ihm
> zu.*

ZEITMACHER

> Du wirst nun eine leere Hülle bleiben
> Ich werde dich in dein Verderben
> treiben

WANDERER

>   *(Steht erschrocken auf.)*
> Oh, wehe mir,
> Die Dämonen sind hier

GELIEBTE

>   *(Steht ebenfalls auf. Sie nimmt seine Hand)*
> Halte meine Hand
> Was kann ich tun, damit das Unheil gebannt?

                                                    (CONTINUED)

WANDERER
    Ich sehe alles nur noch durch einen Nebel
    Wie Rauch

        (Löst seine Hand aus ihrer, haltet seine Hände
    über seinem Kopf, will den Dämon abwehren.)
    In giftigem Wasser ich tauche
    Ich sehe nicht mehr klar

        (Nimmt die Hände runter vom Kopf und richtet
    seine Hände flehend nach der Geliebten.)
    Liebe ich dich noch, ist es wahr?

        (Nimmt sie beim Kragen.)
    Nimm den Knebel, und bitte, treib die Dämonen aus mir
    raus

GELIEBTE
    Wir brauchen einen Arzt

                        Szene3

                        Bühnenbild:

    Zimmer beim Arzt. Weisse Wände.
    Ein schwarzer Sessel und ein schwarzes Sofa
    stehen sich gegenüber.
    Im Raum hinter den Sesseln steht ein grosser,
    blauer Kompass.

    Der Arzt sitzt im Sessel, der Wanderer betritt
    das Zimmer und setzt sich auf das Sofa, gefolgt
    von seiner Geliebten.

    Der Arzt trägt ein rosarotes Hemd, dazu schwarze
    Hosen und schwarze Leder-Schuhe.

WANDERER

        (zu seiner Geliebten.)
    Ich habe mich verirrt
    Und bitte, steh mir bei
    Wenn ich mich verliere
    Ich will dich an meiner Seite
    Ich habe dort, in diesem Tal
    Meinen treuen Meister verloren
    Es ritten mich die Dämonen

GELIEBTE
    Ich mache mir Sorgen
    Rede mit mir, erzähle
    Was ist dir passiert?
    Wenn du dich
    verlierst?

                                                    (CONTINUED)

ARZT
    Was hast du gesehen?

WANDERER
    In dem Tal in jenem Flur
    Traf ich einen Dämon, er nannte sich
    Zeitmacher

    Um den Hals trägt er eine Schnur
    Und er gab mir diese Uhr
        (Er nimmt eine Taschenuhr hervor, die er unter
        seiner Jacke um seinen Hals trägt.)

ARZT
    Du weisst nicht, womit du bezahlst
    Das wird eine harte Tour

WANDERER
    Ich wollte doch nur wissen

ARZT

    (Mit erhobener Hand.)
    Das solltest du besser vergessen
    Besessen macht dich deine Neugier
    Und im Kopf bist du schon ganz wirr
    Die Uhr, sie wird dich hetzen

    Der Zeitmacher betritt das Zimmer und stellt
    sich hinter das Sofa, spricht zum Wanderer.

ZEITMACHER
    Die Uhr, stehend unter meiner Macht

    Der Wanderer zuckt zusammen. Er blickt hinter
sich.
    Sie wird dich zerfetzen

    Der Wanderer steht auf, dreht sich um, sodass er
    dem Zeitmacher gegenüber steht. Er zittert vor
    Angst.
    Dich tief verletzen
    Ich habe Dunkelheit über dich
    gebracht
WANDERER

    (Geht verängstigt ein paar Schritte zurück.)
    Schon höre ich den Dämon zu mir sprechen
    Hören Sie, Sie müssen mir helfen

    Die Geliebte und der Arzt stehen auf.

GELIEBTE

    (Packt seine Hand fest.)
    Geliebter, beruhige dich
    Ich bin hier
              (MORE)

(CONTINUED)

GELIEBTE (cont'd)
    Das ist doch alles nur Illusion,
    Nur eine Spinnerei in deinem Gehirn
    Du siehst den Dämon?

       Der Arzt steht hinter dem Wanderer und legt
       seine beiden Hände auf die Schultern des
       Wanderers.

ARZT
    Ruhig, bleib in Ruhe
    Du bist völlig ausser dir
    Nach einer Lösung ich suche
    Setz dich hin, nimm einen tiefen Atemzug
    Der Dämon hat dich in seinem Sog
    Fühle deiner Geliebten Hand
    Fühle dich nun auf sicherem Land

       Der Wanderer lässt sich auf das Sofa fallen.

WANDERER
    Der Zeitmacher sprach
    Ich gab meinen Schwur
    Bevor ich über meinem Meister
    Zusammenbrach

       Der Zeitmacher stolziert um das Sofa herum und
       stellt sich hinter den Arzt.

GELIEBTE
    Mein Geliebter
    Beruhige dich wieder
    Ich sehe Trauer, Angst und Verzweiflung
    Fallen auf dich nieder
    Einen Schwur?
    Dein Meister starb?
    Was hast du erlebt
    Vielleicht spreche ich ein Gebet.

ZEITMACHER
    Auf diese Uhr hast du geschworen
    Damit sie dir zum Schutze werde
    Du bist von mir auserkoren
    Ein dunkler Zauber jetzt über dir wacht
    Der dich langsam, langsam verrückt macht

WANDERER

       (Er nimmt den goldenen Anker hervor, der
       ebenfalls wie die Uhr an einer Kette um seinen
       Hals hängt.)
    Doch in meinem Herzen nun
    Da ist eine tiefe Kerbe

    Diese Uhr gab mir Schutz
    Doch hat der Gegenstand seine Tücken
    Und deinen Anker, du nahmst mich damit in den Schutz
    Doch ich brauche etwas, um zu waschen den Schmutz

(CONTINUED)

ARZT
    Was sagen denn die Dämonen?
    Wir müssen einen Weg finden, sie auszutreiben
    Sie in deinem Kopf Unfug treiben
    Sie verursachen leiden
    Und ich sehe wie fertig du bist,
    Du solltest eine Zeit zu Hause bleiben.

WANDERER
    Untersuchen Sie mich, Doktor
    Es geht mir nicht mehr gut
    Gib mir etwas in mein Blut,
    Stimmen singen wie im Chor

ARZT

        (Steht auf und sieht von oben auf den Wanderer)
    In deinen Augen fehlt das leuchten
    Du kauerst dich zusammen, mehr als zuvor
    Was hat das zu bedeuten?

WANDERER
    Könnt ihr mir vergeben?
    Weil ich selbst grausam war
    Mein Meister beschützte mich
    Und er wegen mir starb

ARZT
    Er starb wegen der Dämonen
    Aber ich verstehe, es ist hart

    (Der Wanderer steht auf.)

WANDERER
    Wie in einem Verliess
    In das ich mich selbst verbanne
    So ich keinen Seelenfrieden erlange
    In diesem Tal etwas geschah
    Und meine Person zerfiel
    Ich ihn dort zurück liess
    Und ich konnte nichts tun

    Was mache ich jetzt, ich dich dort verlor?
    Weit offen ist das Tor
    Und ich gehorche einem falschen Schwur

        Der Lichtmacher betritt das Zimmer. Der Wanderer
        dreht sich zu ihm um, der Lichtmacher tritt nah
        vor den Wanderer.

        Der Lichtmacher trägt einen dunkelblauen Mantel.
        An den Seiten seines Mantels auf der Höhe seiner
        Hüfte sind Lampen angebracht. Unter dem Mantel
        trägt er ein einfaches braunes T-Shirt.

LICHTMACHER
        Deine Geliebte hat mich angerufen
        So komme ich dich besuchen
        Deine Trauer soll nicht ausufern
        Wenn du es brauchst, ich gebe dir meine Schulter und
        mein Ohr

GELIEBTE
        Du bist hier, Gott sei Dank
        Ich sorge mich, er scheint krank

                *(Der Wanderer drückt den Kopf an die Schulter
                des Lichtmachers.)*

WANDERER
        Mein guter Freund, mein Lichtmacher
        Hilf mir gegen meinen Widersacher
        Hilf mir in meinem Schmerz, meinem Wahn
        Dunkelheit, die mich überkam

ARZT
        Schon bald ein Unheil dich heimsucht

LICHTMACHER
        Gib mir die Uhr,
        Die du bekamst
        Sie gibt dir eine Spur
        Diese Uhr hat ihn verdammt
        Ich sag dir, verflucht
        Ist diese Uhr

WANDERER
        Der Kompass zeigt die Richtung
        Doch gestochen von mir selbst

                (Er fällt auf die Knie.)
        Und gebrochen ist die Nadel
        Mein Innerstes
        Ich finde nichts
        In diesem Raum aus Scherben

LICHTMACHER
        Ich verstehe noch nicht ganz,
        Was ist dort geschehen?
        Wovon redest du?

        Erzähle mir, wie fühlst du dich, ich werde bei der
        stehen.
        In deinen Augen fehlt der Glanz
        Und ich sehe deine Qual

WANDERER
        Ich schritt durch dieses Tal
        Ich kam in ein Haus
        Dort drin waren zerbrochene Spiegel
        Vor meinen Augen sah ich dunkle Gestalten ziehen
        Sag mir, wie komme ich da wieder raus

(CONTINUED)

ARZT
     Du hängst an den Maschinen
     Wie die Uhr dir vorgegeben
     Den Abdruck des Dämons auf deinem Rücken
     Ist geblieben

ZEITMACHER
     Nichts kann dich mehr entzücken

GELIEBTE
     Wo ist seine Liebe und sein Leuchten geblieben?

ARZT
     Es tut mir leid,
     Vielleicht wird er sich verlieren

ZEITMACHER
     Die Sache ist, du wirst mir dienen

        Der Wanderer ist noch immer auf seinen Knien. Er
        bewegt den Kopf zu seiner Geliebten. Angespannt
        und steif steht er wieder auf.

AKT2

Szene 1

Bühnenbild:

Im Schlafzimmer des Wanderers und seiner Geliebten.
Hellblaue Wände. An der Wand hängt die Uhr mit den fünf Zeigern.
Unter der Uhr steht ein grosses Bett mit Abstand zur Wand. Daneben ein kleiner Tisch.

Der Wanderer setzt sich auf die Bettkannte.

WANDERER
    Meine Liebe mich verlässt
    Bitte, ich brauche dich, halte mich fest

    Die Geliebte setzt sich nahe zu ihm hin.

GELIEBTE
    Suche nach einem Ausweg,
    Ich liebe dich
    Ich lasse dich nicht im Stich
    Über der dunklen See ist ein Steg

WANDERER
    Wie immer getan
    Suche ich nach einem Weg
    Doch nur schwer und mich schleppend
    Komme ich jetzt noch voran

GELIEBTE
    Bitte, kämpfe dagegen an

    Der Zeitmacher betritt das Zimmer, er schleicht um das Bett herum, bleibt neben dem Wanderer stehen.

ZEITMACHER
    Die Uhr tickt an der Wand
    Dieses Ticken, es ist dir zu laut
    Du hälst es nicht mehr aus
    Es dreht sich alles in deinem Verstand

WANDERER

    (Er steht auf, geht umher.)
    Ich irre umher, mir fehlt
    Jegliche Orientierung

    Doch auf Befehl ich gehorche
    Ich weiss nicht, wie weit ich geh

    (Er bleibt einen Moment still stehen, hält inne.
    Der Zeitmacher geht stolzen Ganges um das Bett

(CONTINUED)

*herum und kommt auf der anderen Seite des Bettes
zu stehen, im Rücken des Wanderers. Dann lässt
der Wanderer sich auf das Bett fallen, legt den
Arm um seine Liebste und reisst sie mit, sodass
sie beide auf dem Bett liegen.)*
Meine Füsse berühren die deine
Ich geniesse die Erwiderung
Deiner Liebe
Doch wie in strömenden Flüssen
Ich treibe
Oh, wehe, was ich erleide

GELIEBTE

*(Sie stützt sich seitlich auf. Der Wanderer
liegt.)*
Erzähle mir, was in dir vorgeht
Schmerz und Angst dir ins Gesicht
Geschrieben steht
Ich begleite dich auf diesem Weg
Mit meiner Liebe, sieh das Licht

WANDERER

(Greift sie fest am Arm.)
Es sind Ängste, die mich plagen
Und ich weiss, es gibt keinen Grund dafür
Es sind Schatten, die mein Selbstvertrauen
untergraben
Die Schatten lauern überall
Mein Selbst leidet
Es sind Dinge, die mir Unbehagen bereiten

GELIEBTE
Es ist ein Nachhall
Nach alle dem, es lässt Schatten in dir verweilen
Es dauert seine Zeit, dich davon zu befreien

*Der Zeitmacher geht weitere Schritte um das
Bett, sodass er an der Seite des Wanderers
steht.
Der Wanderer dreht sich ruckartig zum Zeitmacher
und stützt sich auf.*

ZEITMACHER
Da ist etwas, das dich noch ins Verderben treibt
Bis dir keine einzige Ruhe mehr bleibt

*Die Geliebte greift den Wanderer an seiner
Schulter, rüttelt ihn sanft.
Der Wanderer reagiert erst nicht, dann dreht er
sich zu seiner Geliebten, kauert sich in ihre
Arme.*

GELIEBTE
Beruhige dich, lass dich gehen für diesen Moment
Ich will dir beistehen
(MORE)

GELIEBTE (cont'd)
        Dich wieder aufbauen
        Liebe sei ein rettendes Element

WANDERER
        Noch ist es nicht vorbei
        Die Schatten, sie lauern

GELIEBTE
        Lass es raus
        Lass uns gemeinsam trauern

        Der Lichtmacher betritt das Zimmer.

        Der Wanderer und seine Geliebte setzen sich auf.

LICHTMACHER
        Es ist etwas in dir, das dein Herz
        Sauer zersetzt

WANDERER

        (laut, mit grossen Gesten.)
        Ich fühle mich verloren in dem Sturm

ZEITMACHER
        Oh, mein Kleiner, welch armer Wurm

        Der Wanderer dreht sich kurz um zum Zeitmacher,
        wendet sich dann von ihm ab. Dann steht der
        Wanderer auf, seine Geliebte steht ebenfalls
        auf.

WANDERER

        (laut, mit grossen Gesten.)
        Mein Herz bebt,
        Was ist es, das mir so schrecklich fehlt
        Mir die Liebe entgeht, ich sie nicht mehr seh'

LICHTMACHER
        Als guter Freund, ich stehe bei dir
        Ich sehe, wie es um dich steht
        Zerstritten seid ihr zwei bald, gebrochen der Weg
        Der Dämon bald einen Keil
        Zwischen euch beide treibt
        Ein Fluch euch ereilt
        Zwischen Zweifel und Hoffnung
        Zwischen Liebe und Verdammung
        Was du brauchst ist eine Umarmung
        Wie kann ich euch vereinen

GELIEBTE
        Ich will doch bei dir bleiben
        Wie kann ich das verstehen
        Du bist nicht derselbe jetzt
        Ich sehe, du wirst von etwas gehetzt
        Und deine Augen sind trübe

WANDERER
     Ich bin des Hoffens müde
     Mir geht es nicht gut
     Meine Wunden brennen wie Glut

GELIEBTE
     Ich bin für dich da,
     Du kannst mit mir über alles reden

WANDERER
     Könnt ihr mir vergeben?

LICHTMACHER
     Du hast unser Segen

WANDERER
     Ich rief nach dir, Meister, vor langer Zeit
     Hattest mich damals aus der Dunkelheit befreit

LICHTMACHER
     Und dein Weg war weit

WANDERER
     Winde tobten in mir
     Alles um mich war still
     Doch ein leerer Hall an meinen Ohren
     Aus meiner Selbst geboren

LICHTMACHER
     Doch es sind diese Dämonen, die dich nun bedrohen

WANDERER
     Ich bin so unendlich müde
     Was ist wahr und was nicht?
     Wenn der Damm zwischen zwei Welten bricht?
     Ich will wieder offen dafür sein
     Offen für die schönen Dinge
     Doch von meinem Leid ich singe
     Und der Schutz funktioniert nicht mehr

LICHTMACHER
     Er muss neu geschmiedet werden
     Die Trennung aufheben
     Und euch neu vereinen
     Denn ich will die Liebe
     Sehen zwischen euch beiden

WANDERER
     Ich fühle mich gebrochen im Herz

GELIEBTE

          (zum Wanderer.)
     Wie gestochen von einem Messer
     Ich sehe deinen Schmerz
     Was kann ich tun, wie wird das besser?

(CONTINUED)

LICHTMACHER

>*(zum Wanderer.)*
>Lass mich dich umarmen
>Du sollst Ruhe von dem Dämon haben
>In deiner Dunkelheit, in deinem Nebel
>Lass mich ein Licht für dich sein
>Du bist nicht allein

>*Noch stehen alle. Der Wanderer neigt sich zu seiner Geliebten, drückt seine Stirn an die ihre. Er nimmt ihre Hand, drückt sie an sein Herz.*
>*Die Geliebte bewegt ihn dazu, sich hinzulegen und setzt sich mit ihm ins Bett.*
>*Der Lichtmacher setzt sich neben die Geliebte.*
>*Der Zeitmacher schlendert zum liegenden Wanderer, beugt sich zu diesem vor und legt die Hand auf dessen Wange, streicht über dessen Gesicht, dann nimmt er seine Hand zurück und geht ab.*

GELIEBTE

>Leg dich in meinen Schoss

WANDERER

>Der Schmerz, er ist gross
>Und paralysiert in meinem Gefühl
>Liege ich nur noch hier
>Fühle mich leer
>Wenn mein Herz, mein Kopf, mein Körper
>Mir befiehlt, ich kann nicht mehr
>Es ist mir alles zu viel
>Ich mich selbst in alle dem verliere
>Ich zittere noch, versuche Einhalt zu gebieten
>Doch ich schneide mich nur an den Scherben,
>Bei dem Versuch, sie zusammen zu fügen
>Ich fühle mich paralysiert
>Und kann nichts tun, es tut mir weh
>Keinen klaren Gedanken ich noch seh
>Und schlimm genug, nicht zu wissen, was in mir vor sich geht
>Ich fühle mich paralysiert
>Und die Angst, die mich treibt
>Eine innere Not mich ereilt
>Und ich hoffe, etwas zu finden,
>Das mich befreit.

Szene 2

>*Schwarzer Hintergrund, die Uhr mit den fünf Zeigern hängt davor.*

>*Der Wanderer sitzt sich auf im Bett.*
>*Der Lichtmacher und seine Geliebte sitzen links und rechts neben ihm.*

LICHTMACHER
Ich begleite dich
Leg deinen Kopf an meine Schulter
Lass mich trösten dein Schreien und dein Schluchzen

WANDERER
Doch bin ich nur noch müde
Und die Hoffnung mir schwerer erscheint
Weil mein Herz nur noch weint
Und es tut nur noch weh
Vor dem Zusammenbruch ich steh
Ich suche nach einem Ausweg
Und finde keine Ruhe
Selbst wenn mein Leben eine Lüge war,
Es hinterliess Spuren
Es ticken die Uhren
Ich will nicht so weiter gehen
Und die Lügen
Mir selbst verschuldet

GELIEBTE
Aber du hast mich doch nie betrogen?

Der Wanderer steht auf.

WANDERER
Tut mir leid, aber meine Liebe nun war gelogen

*Der Zeitmacher tritt auf, geht um die drei am
Boden herum.*

ZEITMACHER
Es waren dunkle Wolken, die über dich zogen

LICHTMACHER
Wanderer, mein Freund, hör auf
Hör auf, auf den Dämon zu hören
Gib dich selbst nicht auf
Lass dich nicht davon zerstören
Lass dein gutes Herz ertönen

WANDERER

(Fasst mit beiden Händen an seinen Kopf.)
Verzeih mir, es ist das Spiel der Dämonen
Ich bin nicht richtig
Ich bin nicht mehr ich
Und ich fühle mich nicht mehr wichtig

GELIEBTE
Du stehst total neben dir
Du redest nur noch wirr

WANDERER
Oh bitte, verzeihe mir
Ich mich winde
Auf dass der Dämon und die Dunkelheit verschwinde

(CONTINUED)

Die Geliebte und der Lichtmacher treten ab.

Szene 3

Ein leerer Raum, schwarzer Hintergrund. Die Uhr mit den
fünf Zeigern ist weg.

Der Wanderer sitzt am Boden.

WANDERER
    Und diese Dunkelheit versperrt mir die Sicht
    Nur mir gehört die Schuld daran
    Ich selbst mir das angetan
    Mein Herz zerbricht

        *(Er steht auf und geht umher, im Wahnsinn,
          verzweifelt und mit grossen Gesten.)*
    Ich mich selbst in dieses Unglück verbannt
    Und der Schmerz spricht nicht für mich
    In meiner Rechnung fehlt der Strich
    Und ich ramme in mein Herz ein weiterer Stich
    Als stünde es mir nicht zu
    Ohne zu wissen, was mir mein Glück verwehrt
    Oder wann sich Freude zu mir bekehrt
    Es tut mir nur noch weh
    Mein Herz, mein Kopf, meine Glieder
    Es tut weh
    Im Hintergrund stille Lieder
    Meine Hoffnung ist nur mehr schwer
    Und nur schwerfällig gehe ich voran
    Und sich selbst peinigend
    Weitgehend in diesem dunklen Tal
    Und ich hoffe, dass ich mich nicht verlier
    Es droht zu brechen, das, was mir Licht gab

        (Er bleibt stehen.)
    In mir der Zusammenbruch

    Und
    Doch: sei lieb zu dir
    Tu dir selbst nicht weh
    Ruft es in meinem Ohr
    Wie ein letzter rettender Stoss

<u>AKT3</u>

<u>Szene 1</u>

Der Kompass vor dem schwarzen Hintergrund.

Die Geliebte tritt auf, geht langsam auf den Wanderer zu.

WANDERER
    Noch schwankend stehe ich hier

GELIEBTE
    Zwischen Liebe, die kurz entflammt
    Und Zweifel, der dich verdammt

WANDERER

        (Der Geliebten zugewandt.)
    Doch ich komme raus von hier
    Meine Gedanken sind wieder heller

LICHTMACHER
    Doch sei achtsam mit dir,
    Und gehe nicht zu schnell voran

WANDERER
    Unruhig ist mein Geist
    Er kommt nicht zur Ruhe
    Mich ergreift die Wanderlust
    Und wo ist mein Heim?

        Der Arzt und der Lichtmacher treten nacheinander auf.

ARZT
    Du schreist so voller Schmerz
    Und voller Frust
    Zugeschnürt scheint deine Brust

GELIEBTE
    Sag mir, wo ist deine Lebenslust?

LICHTMACHER
    Dein Kompass, er ist kaputt
    Sowie dein Herz in Schutt
    Und Asche
    Leer ist deine Tasche

WANDERER
    Die Zuversicht in dem Moment noch nicht komplett
    erloschen
    Mein Herz noch nicht ganz gebrochen
    Danke euch, ihr passt auf mich auf
    Doch was bringt mich bloss hier raus

(CONTINUED)

ARZT
> Tut mir leid, ich kann dich nicht beglücken
> Doch nimm dieses Medikament ein
> Es sollte dein schwarzes Kleid
> Unterdrücken
> Mit mehr kann ich im Moment nicht wirklich dienen
> Wichtig ist, dass ihr bei ihm seid
> Ich kann nichts versprechen
> Aber vielleicht kann das dein Leid lindern

> *Alle bis auf den Wanderer treten ab.*

Szene 2

> *Der Hintergrund ist noch immer schwarz. Der*
> *Kompass steht da, die Uhr mit den fünf Zeigern*
> *hängt vor dem schwarzen Hintergrund, ebenfalls*
> *ist die kaputte Uhr zu sehen.*

WANDERER
> Ich fühle Schmerz
> Und ich fühle Angst
> In dieser inneren Not und diesem Treiben
> Du nicht mehr Leben kannst
> Ich fühle mich paralysiert
> Und weg von mir
> Und in dem Moment alles wieder okay
> Was hält mich hier?
> Die Schatten, sie schweigen
> Sie sind noch da irgendwo
> Nur für den Moment bin ich
> Einen Augenblick froh
> Meinen Blick zu richten
> Auf etwas besseres, damit es besser wird
> Solange das mich plagende in Ruhe lässt
> In mir ein Licht auf Neues wächst
> Und langsam wage ich jeden weiteren Schritt
> Ich stehe hier, ohne zu wissen, was geht
> Und der nächste Moment ich wieder frustriert
> Hier steh
> Und jeder Gedanke sich verliert
> Ich wandle durch die Tore
> Schwarz, weiss und grau
> Wohin ich gehe, weiss niemand genau
> Ich fühle mich verloren
> Ich hoffe Liebe zu sehen
> Und dass diese Dinge in meinem Kopf mich nicht
> bedrohen
> Und ich fühle mich verloren
> Ich wandle durch die Tore
> Das Schloss ist ein Verliess
> Ich mich selbst darin und in der leere zurück liess
> Gefangen in sich selbst
> Und verloren
> Und es ist schwer zu ertragen
> Wenn mir droht die Hoffnung und der Glaube zu
> entsagen

> (MORE)

(CONTINUED)

WANDERER (cont'd)
>   Wenn es nur noch schmerzhaft wird
>   Es ist schwer zu ertragen
>   Und zu zu sehen, wenn die Hoffnung stirbt
>   Und ich fühle mich so schwer,
>   Mir die Freude verdirbt
>
>   Wie kann ich weiter gehen?
>   Ich fühle mich verletzt,
>   Tief im Herz
>   Es ist von Narben zersetzt
>   Es funktioniert nicht mehr
>   Wie bisher
>   Und meine Gedanken sind wie ein Nebelmeer
>   Und ich vermisse dich so sehr
>   Und im Nebel finde ich keinen Weg raus
>   Wo ist das Licht, das mich hier raus
>   Bringt
>   Wo ist die Stimme, die für mich singt?
>   Wo ist der Glaube, der meinen Zweifel zum schweigen
>   bringt?
>   Wo ist die Liebe, die mein Herz höher schlagen lässt?
>   Seit wann merke ich, dass meine Kraft mich verlässt?
>   Und ich bleibe liegen in der Leere zurück
>   Es geht besser nun, wenigstens ein wenig
>
>   Das Medikament macht mich vielleicht selig
>   Dennoch fühle ich mich bedrückt
>   In einem Moment zufrieden
>   Und im nächsten ich mich frage, wo denn die Freude
>   geblieben
>   Ich finde keine Ruhe
>   Es fällt mir unendlich schwer
>   Rastlos ziehen meine Gedanken umher

> *Er tritt ab.*

Szene 3

> *Im Schlafzimmer des Wanderers und seiner*
> *Geliebten.*
> *Hellblaue Wände. An der Wand hängt eine*
> *gewöhnliche Uhr.*
> *Unter der Uhr steht ein grosses Bett mit Abstand*
> *zur Wand. Daneben ein kleiner Tisch.*
>
> *Die Geliebte sitzt an der Bettkante, trinkt aus*
> *einer Tasse Tee.*
> *Der Wanderer liegt im Bett, dreht sein Kopf*
> *unruhig hin und her, wacht langsam auf, setzt*
> *sich auf und fasst sich ans Herz.*

WANDERER
>   Ich habe Schmerzen und ich fühle sie im Herz
>   Bitte sag, was mich heilen kann
>   Ich fühle mich verloren und haltlos

(CONTINUED)

GELIEBTE
    Hier, trinke einen Tee
    Nimm meinen Trost

WANDERER
    Was? Danke, dass du mich zurück in die Realität holst
    Weg von meinen Gedanken,
    Die in mir zanken
    Holst du mir einen Toast?
    Toast mit Marmelade
    Das wäre gut

GELIEBTE
    Dein Wohlergehen ist mir nicht zu schade
    Ich will Sorge zu dir tragen
    In deinem Gesicht ist wieder Farbe
    Das ist schön, du wirkst befreit

      Der Wanderer setzt sich näher zu ihr.

WANDERER

      (Er bewegt sich näher zu ihr.)
    Das wiegt mich in Zufriedenheit
    Du gibst mir unendliche Geborgenheit
    Ich geniesse die Verbundenheit zu dir
    Für den Moment bin ich befreit

GELIEBTE
    Es ist schön zu sehen, dass du wieder geniesst
    Schwebend wie in schönen Träumen du deine Augen
    schliesst
    Deine Augen leuchten wie ein Regenbogen,
    Es legen sich die Wogen
    Wir werden einen Weg finden, der sich uns erschliesst

      Sie umarmt ihn, er kuschelt sich dicht an sie.

WANDERER
    Ich bade darin, wie du bei mir stehst
    Und mich anstrahlst
    Dass du meine Liebe bewahrst
    Es ist schön, wie positiv du siehst
    Welch Optimismus du mir gibst
    Während ich noch am Boden krieche
    Darum kämpfe, einen Fluch zu besiegen

GELIEBTE
    Ich finde es schön, bei dir zu liegen

WANDERER

      (Er lacht herzlich, steht auf und zieht sie
      mit.)
    Oh, tanzen will ich mit dir
    Die Uhr zeigt zwanzig nach vier
    Ich fühle mich wieder bei mir
        (MORE)

                     (CONTINUED)

WANDERER (cont'd)
     Und so wohl bei dir
     Lass Musik ein
     Ich lade dich ein,
     Fordere dich auf
     Das macht mich gerade gut drauf

GELIEBTE
     Schön, dich so zu sehen, so wohl auf

WANDERER
     Ich will deine Hand an meiner Hüfte spüren

GELIEBTE
     Du hebst mich in die Lüfte
     Willst du mich verführen?

WANDERER
     Jetzt bin ich wieder so froh
     Eine Flamme in meinem Herz, sie brennt lichterloh

          *Sie küssen sich. Der Wanderer und seine Geliebte
          tanzen. Doch plötzlich steht der Zeitmacher
          stumm hinter Ihnen.*

                    Szene 4

          *Der Hintergrund ist schwarz. Die zerbrochene Uhr
          steht im Hintergrund und die Uhr mit den fünf
          Zeigern hängt.*
          Die zerbrochene Uhr leuchtet auf.

          *Noch sind die beiden in Tanz-Haltung, als der
          Wanderer sich plötzlich zusammen kauert, er
          vergräbt sich an seiner Geliebten Brust.*

WANDERER
     Ich hab Angst
     Wie ein Kind

          *(Er löst sich von der Geliebten und tretet ein
          paar Schritte zurück.)*
     Angst davor, verletzt zu werden
     Angst, alleine dann zu sein
     Ein unheimliches Pfeifen ist im Wind

GELIEBTE
     Beruhige dich und lege dich zu Bett
     Es ist nur das Kreischen von Dämonen
     Du machst mir Sorgen
     Du bist so bleich und steif wie ein Brett

WANDERER
     Sogleich fühle ich mich geborgen
     Du bist so lieb und nett

GELIEBTE
        Ich bin an deiner Seite
        Dir ist kalt, ich will dich wärmen
        Es sind die Dämonen, sie dich lähmen
        Ich hoffe, ich kann dir die Angst nehmen

WANDERER
        Es ist schön, diese Entspannung
        Ich merke wie sehr ich sie brauche
        Und wie sehr ich danach verlange
        Und ich merke, wie schwer es mir fällt
        Und dass ich das erst wieder lerne
        Und ich sitze da und weine nur
        Mein Körper unter der ständigen Anspannung
        Er erträgt das nur
        Wie nach einer langen Tour
        Wie viel ich nur renne,
        Mir keine Pause gönne
        Ich erst jetzt das wieder lerne
        Ich merke, wie schön es ist
        Und wie gut es tut

GELIEBTE
        Du brauchst einen Kompass,
        Der dir die richtige Richtung zeigt
        Dass der Dämon endlich schweigt
        Noch immer bist du blass

        Der Lichtmacher und der Arzt treten auf.

LICHTMACHER
        Hör mir zu, es gibt eine Lichtung
        Bitte, bleib positiv
        Auch wenn es gerade noch so bitter ist

        *Der Zeitmacher tritt auf. Er stellt sich nahe
        hinter den Wanderer und redet nah an seinem Ohr.*

ZEITMACHER
        Hast du geglaubt, du hast endlich Ruhe verdient?
        Eine Pause in deinem schönen zu Hause?
        Ich gebe dir keine Zeit dafür
        Ich bin der, der sich deines Schmerzes bedient
        Ich öffne diese Tür
        So schnell kommst du mir nicht davon
        Du gabst einen Schwur und dein Schreien ist mein Lohn

WANDERER
        Schwere zieht mich noch immer nach unten
        Sitze einfach nur da
        Energielos
        Die gute Stimmung ist verschwunden

        Es fällt mir nicht leicht und nicht in den Schoss
        Ich sehe das Positive,
        Doch das Negative ist zu gross
        Was mache ich bloss?
                        (MORE)

WANDERER (cont'd)
        Und ich kämpfe um das Gute
        Und um die Liebe
        Nur eine leere Angelrute
        Da hängt nichts dran, was mir hilft
        Ich will mich hinlegen, ins Schilf
        Doch da, wo das Ufer ist
        Ich habe genug von der Tiefe, die mich zerfrisst

ARZT
        Dir fehlt der Anker
        Voller Schwärze bist du, wie ein Tanker
        Voller Dämonen,
        Und ich sehe, sie werden dich nicht schonen
        Du gehst als hättest du Schnitte an deinen Fussohlen

LICHTMACHER
        Ich will dich da raus holen
        Bitte, lass dich da raus holen
        Und lass dir Zeit
        Mit dir zu reden
        Dir eine Schulter zu geben
        Bin ich bereit

WANDERER
        Auch wenn es noch nicht ganz gut um mich steht
        Doch ich weiss, ich bin auf dem Weg
        Ich leg mich hin
        Und dieses Wissen, das ich habe
        Auf dem richtigen Weg zu sein
        Mit dem Herzen, das ich in mir trage
        Und mit Liebe, es wird nicht vergeben sein
        Ich will nicht mehr
        Und es fällt mir schwer
        Weiter zu gehen
        Zu sehen, wie lang der Weg
        Tut mir weh

LICHTMACHER
        Bleib nicht liegen, auch wenn es dir noch so dunkel
        erscheint
        Bitte, bleib nicht liegen auch wenn dein Herz weint
        Bitte bleib nicht liegen und gib die Hoffnung nicht
        auf
        Bitte und nimm meine Hand
        Ich gebe dir einen Halt
        Alles wird gut, mein Freund
        Doch ich sehe, es wird voller Schweiss und Blut
        Mein Freund, alles wird gut und am Ende deines Leiden
        Wird dir Freude bleiben
        Mit meinem Licht will ich dir das zeigen

WANDERER
        Ich fühle mich wie ein Sklave,
        Sklave meiner selbst

GELIEBTE
    Du hast dich im Bette hin und her gewälst
    Als ich schon wach
    Und du noch schliefst

WANDERER
    Etwas geht hier schrecklich schief

LICHTMACHER
    Und reparieren sollten wir dort
    Das Dach
    Es tropft
    An diesem Ort
    Ich bleibe bei dir, du hast mein
    Wort

WANDERER
    Und es tropfen mir dir Tränen
    Zwischen Verzweifeln und Hoffen

    Ich sollte dir etwas erwähnen
    Wie sehr ich dich liebe
    Fühle mich umhüllt,
    Wenn im warmen Bett ich mit dir liege
    Auf dass die Liebe mich erfüllt

    Ich hoffe, es endet nicht in einer
    Katastrophe

ZEITMACHER
    Ich fordere dich auf zu einer letzten Strophe

<u>AKT 4</u>

<u>Szene 1</u>

Schwarzer Hintergrund, leerer Raum.

Der Wanderer ist alleine in dem Raum und geht umher mit grossen Gesten.

WANDERER
    In meinen Gedanken schwebt der Tod
    In meinen Gedanken, der Sturm tobt
    Und ich finde keine Ruhe
    Egal, wonach ich auch suche
    Ich bin getrieben
    Rastlos auf der Suche
    Und ich stehe noch um Einhalt zu gebieten
    Und ich suche nach der Hoffnung
    Doch sie mich verrät
    Etwas dunkles mir die Freude untergräbt
    Ich sehne mich nach der Umarmung,
    Die mir Wärme gibt
    Nur ein Flüstern, das mich noch hält
    Und ich bete, dass meine Liebe siegt
    Während dem ein dunkler Nebel
    Auf mir liegt
    Und ich Frage wohin gehen meine Wege?

    Und wie lange gehe ich noch, bis ich mich zur Ruhe lege?
    Mein Herz rast noch
    Und doch stehe ich still
    Zu müde, um mich zu bewegen
    Zu müde, um einen Schritt zu tun
    Meine Knie zittern, um mich zu ergeben
    Und ich suche nach etwas Gutem,
    Nach etwas, das mich hält
    Währendem ich innerlich am bluten
    Und ich frage, ach bitte, kannst du mir vergeben?
    Es sind Scherben
    Splitter aus Glas
    Meine Gedanken dunkler werden
    Es lässt mich kalt zurück
    Jeder Schnitt lässt mich sterben
    Tief verletzt in meinem Herzstück
    Komme ich zum erliegen
    Es fällt mir nur noch schwer
    Einhalt zu gebieten
    Und ich fühl mich leer
    Meine Hoffnung mir grausam wird
    Nimm mich in den Arm,
    Bevor mein Herz erfriert

    Auftritt von der Geliebten.

(CONTINUED)

GELIEBTE
        Beruhige dich, meine Hand auf deiner Brust
        Vernebelt sind deine Sinne
        Doch bitte spüre meine Hand, das Licht, den Himmel
        Und bitte finde die Hoffnung, das Licht, die Liebe
        wieder, wonach du suchst
        Und löse dich von dem bösen Schwur
        Von der blöden Uhr
        Ehe du dir Unheil tust

WANDERER
        Fühle mich am Boden liegend
        Und meine Nerven brechen zusammen
        Jetzt, wie die Blätter am Baum sich im Wind wiegend
        Taumel ich auf dem Weg nach oben

        Der Lichtmacher tretet auf.

LICHTMACHER
        Steh auf, bitte, steh auf
        Auch manches Licht wird aus Schmerz geboren
        Du machst mir schreckliche Sorgen
        Ich höre Lieder in Moll
        Dich so zu sehen kann ich nicht ertragen
        Sag mir, was ich tun soll
        Ich wünsche, mein Licht würde dich tragen

        Der Zeitmacher tritt auf, tänzelt mit gehobener
        Brust zur Seite des Wanderers.

ZEITMACHER
        Doch es naht
        Eine schöne schreckliche Tat
        Du kannst mir nicht mehr lange widerstehen
        Wie die Uhr wird dein Verstand durchdrehen

WANDERER
        Ich kann nicht mehr widerstehen
        Ich sehe dunkle Augen im Spiegel
        Erkenne mich selbst nicht mehr wieder

ZEITMACHER
        Auf dir lastet mein schwarzes Siegel

WANDERER
        Ich versuch zu widerstehen
        Doch ich meinen Schatten erliege
        Mir fehlt die Kraft
        Schlicht und einfach
        Keine Energie dafür
        Und sie versperren mir jede Tür
        Diese Dämonen
        Es zerreisst mich innerlich
        Ich weine so bitterlich
        Ein Gewitter über den Wolken naht
        Regen fällt über die gute Saat

Szene 3

*Die zerbrochene Uhr steht im schwarzen
Hintergrund. Sie leuchtet.*

WANDERER

> *(zur Geliebten)*
> Ich opfere meine Liebe
> So plötzlich ich dich nicht mehr liebe
> Denn ich fühle nichts mehr
> Taub bin ich jetzt und leer

ZEITMACHER

> Wie schön, wie tief du sie verletzt
> Willkommen in meinem bitteren, süssen Fest

GELIEBTE

> Deine Liebe mich nun nicht mehr erreicht
> Hast mich doch nur benutzt
> Ich war für dich da,
> Ich habe dir den Staub von deinem Gehirn geputzt
> Doch nichts half
> Die Dämonen führen dich wie am Halfter

WANDERER

> Mein Herz ist leer
> Schwarz wie Teer
> Unsere Liebe zerfällt nun zu Staub
> Dein Herz ich breche

ZEITMACHER

> Welch herrlicher Raub
> Matt sind deine Augen und dein Herz ist taub

GELIEBTE

> Du bist das Letzte
> Erspare mir dein dummes Geschätze
> Wie kann das passieren?
> Dass du das mit mir tust
> Wie konnte dein Herz so erfrieren
> Dass du mir das auf einmal entgegenrufst
> Und du tust mir leid
> Mensch, ich war für dich bereit
> Und du entgleitest mir auf diese Weise
> Das Ende unserer gemeinsamen Reise
> Du bist nur ein Häufchen Elend
> Ich wollte dir beistehen
> Doch es war vergeben

> *Der Wanderer steht angespannt, macht einen
> Schritt zurück, fällt auf die Knie.*

WANDERER

> Verzeih mir
> Bitte verzeih mir
> Und in dem Schmerz ich erkenne,

(MORE)

(CONTINUED)

WANDERER (cont'd)
        Wie sehr ich dich liebe
        In meinem Herzen viel davon zu geben
        Ich will dass es dir gut geht
        Und vielleicht bin ich nicht gut, dir das zu geben
        Was du brauchst
        Doch ich will es und will dir nicht weh tun
        Viel Liebe in meinem Herzen zu geben

        Doch zeig mir bitte, wie ich es dir zeigen kann
        Wie ich es dir geben kann
        Denn ich habe viel Liebe zu geben
        Doch vielleicht bin ich nur blind dafür
        Verzeih mir, wenn ich nicht weiss wie

        Sag mir, wie kann ich für dich da sein
        Wenn ich ein Chaos bin
        Sag mir, wie kann ich für dich da sein,
        Wenn ich selbst verloren bin
        Sag mir, wie kann ich für dich da sein,
        Wenn mein Körper nur nach Ruhe schreit
        Sag mir, wie kann ich für dich da sein,
        Wenn mein Verstand durchdreht und mir streiche spielt
        Sag mir, wie kann ich für dich da sein,
        Wenn die Wunden und Stress nicht geheilt
        Sag mir, wie kann ich für dich da sein,
        Wenn Dunkelheit mich ereilt
        Sag mir, wie kann ich für dich da sein,
        Wenn mir das alles ist zu viel
        Verzeih mir, alle denken, ich spiel ein Spiel
        Doch wahr ist es in meinem Herzen,
        Mein Verstand treibt nur zu viel
        Ich bin gut von Herzen, glaube mir
        Und wie leid es mir tut, ich will dir nie weh tun

GELIEBTE

                (Bedauernd, traurig und wütend.)
        Ich weiss nicht mehr, ob ich dir vertrauen kann
        Ich weiss nicht mehr, ob ich dir die Hand geben kann
        Und ich glaube an dich
        Aber ich bin wie erstarrt
        Und ich kann nichts tun
        Wenn du mir das Herz brichst
        Habe mit dir am Boden ausgeharrt
        Doch du hast mir nur noch weh getan
        So lasse ich dich lieber geh'n
        So ist es zu Ende mit uns als Paar

                Die Geliebte wendet ihm den Rücken zu und tretet
                ab.

ZEITMACHER
        Du stehst jetzt alleine da
        Erinnerung daran, wie schön es war
        Und du hast es zerstört
        Ha, dein Herz nun mir gehört

                                                    (CONTINUED)

WANDERER
    Oh, was habe ich getan, welch unheilvolle Tat
    Ich meine Liebe den Dämonen ergab

ZEITMACHER
    Deine Liebe mir erlag
    Deine Liebe nun liegt im Sarg

    Der Zeitmacher geht langsam rückwärts, zum
    Wanderer, schaut ihn an mit einem Grinsen, dreht
    sich dann um und verschwindet.

WANDERER
    Meine Liebe hat mich verlassen
    Zurückgeblieben ist mein leeres Herz
    Umschlungen und in vollem Griff
    Hatte mich das Dunkle, der Dämon mit seinem Gift

    Der Wanderer tritt ab.

Szene 6

    Schwarzer Hintergrund.

    Die Autorin betritt die Bühne, mit beschriebenen
    Blättern in der Hand, setzt sich auf den Boden.

AUTORIN
    Es ist mir wie im Traum und ich wandle
    Ich schwanke und meine Traurigkeit
    Das Stück in ein Chaos verwandelt
    Von was es handelt?
    Alles, was mir bleibt,
    Ist zu schreiben diese Zeilen
    So wie meine Gedanken treiben

    Und ich schaffe es noch, das Blatt zu wenden
    Trage ich es in meinen Händen
    Stehe ich davor, vor einem guten Ende

    Nebel, der sich mir nun lichtet

    Und ich fühle mich wieder gut, als wie zuvor

    Doch bevor der Wanderer sich befreit
    Ist es des Zeitmachers Geheimnis, das er nun begreift

Szene 7

    Schwarzer Hintergrund. Leere Bühne.
    Der Wanderer steht dem Zeitmacher gegenüber.

WANDERER
    Mir ist kalt
    Die Wunde ist tief
    Eine Szene in schwarz gemalt
    Ich habe mit meiner Liebe bezahlt

> Nun stehe ich alleine hier
> Vor dir
>
> Deine Uhr sollte mich doch schützen
> Und nicht in diese Tiefe stürzen

ZEITMACHER
> Dieses wertvolle Stück hat seinen Preis
> Du wolltest es nicht sehen
> Gut, ich kann dich gar verstehen
> Doch so war unser Vertrag
> Auch nach dieser Nacht folgt wieder ein Tag
> Doch ist es der Schmerz, der dich beschützt
> Weil du selbst in jenem verfluchten Tal
> Keine Trauer und keine Schmerzen mehr spürst
> Weil auch keine Liebe dich mehr berührt
> Und es ist der Schmerz, der dich in das Licht führt

WANDERER
> Gib mir meine Liebe zurück
> Du hast weder mich noch uns geschützt
> Du hinterlistiges Stück
> In dunkler Nacht
> Sehe ich zwei Monde
> Vor meinem inneren Auge ziehen
> Ich stehe hier in Ohnmacht
> Blut von meinem letzten Kuss tropft aus meinem Munde
> Und mein Lebenslicht, meine schöne Zeit
> Geht vor die Hunde

ZEITMACHER
> Ich riss eine Wunde
> In dein Herz
> Ich weiss, da tut es dir am meisten weh
> Schwarz und bodenlos ist dieser See
> Ein Mond spiegelt sich im Wasser
> Hell und klar
> Der andere ist leer und dir unsichtbar
> Doch dieser greift dich jetzt in Haut und Haar

WANDERER
> Du hast Recht, es ist wahr
> Es ist ein Schmerz, eine Wunde
> Die bereits schon tief in mir war
> Doch du hast sie erneut aufgerissen
> Sie war doch gerade geheilt
> Ehe du und dein Fluch mich hat ereilt
> Doch will ich meine Augen schliessen
> Ich flehe dich an, ich habe genug
> Will doch nur wieder die Liebe geniessen
> Vor diesen Schmerzen will ich nur fliehen

ZEITMACHER
> Du kannst mich nicht loswerden
> Mein Geist ist in deine Seele gebrannt
> Durch meine Uhr hast du
> Deinen Wahnsinn erkannt

(CONTINUED)

WANDERER
    Wie du dich mit scharfer Kette in meine Seele beisst
    Ich stehe nun allein vor dir,

    Suche mit dir fertig zu werden,
    Suche, was meine Erlösung verheisst
    Durch dich ist meine Seele vollkommen entgleist

ZEITMACHER
    Ankerlos treibst du in diesem Sturm
    Wie ein Kartenhaus, dein Körper ist dir kein sicherer
    Turm
    Hörst du die Stille?
    Du bezahlst mich mit deinem Leiden
    Das ist mein Wille
    Mein Auge auf dir wacht
    Es wird dich bis auf deine Nacktheit entkleiden
    Der Raum ist so voller Ohnmacht
    Dein Herz ist leer
    Es gibt für dich wie für mich keine Wiederkehr

WANDERER
    Für dich wie für mich?
    Das bedeutet doch unter dem Strich

    Diese Uhr, dein Geist und der Fluch
    Geht in zwei Richtungen
    Ist in zwei Richtungen offen
    Denn das alles ist ein Teil von dir
    Und in dem Moment bin auch ich ein Teil von dir, wir
    sind wie eins
    Hast mich tief in meinem Herz getroffen
    Ist es nicht auch dein eigener Schmerz,
    Der bis jetzt nie verging?

ZEITMACHER
    Es war eine Erfindung, eine Idee, die ich empfing
    In der Hoffnung, damit die Schmerzen zu lindern
    Bevor die totale Erschöpfung mich fand
    Tief durchbohrten Herzens, mein Leben an seidenem
    Faden hing
    Das Schlimme war, ich konnte es nicht mehr verhindern
    Als ich auf diesem dunklen Weg ging
    Diese Uhr machte mein eigenes Herz zum Pfand
    Ich steckte zu tief drin, der Schmerz war zu gross,
    ehe ich den rechten Weg wieder fand
    Keine Liebe, kein Licht und nichts Gutes mehr ich
    empfand

WANDERER
    Der Schmerz ist da, aber können wir nicht etwas tun?
    Deine eigene Uhr lässt dich nicht ruhn
    Es hat dich selbst zum Sklaven gemacht
    Doch du bist der Zeitmacher, hast nicht du darüber
    die Macht?
    Der Schmerz wird vielleicht nie vergehen
    Doch bitte, wir können doch etwas tun,
                (MORE)

WANDERER (cont'd)
    Wir können zusammen stehen
    Und vielleicht kann trotzdem, daraus wieder etwas
    Schönes entstehen

ZEITMACHER
    Was ist es, das du mir jetzt sagst?
    Was sagst du, was du siehst?
    Du den tiefen Blick in meine Augen wagst
    Du willst doch nicht sagen, dass du mir jetzt die
    Hand gibst?

    Ich kann nicht zurück
    Es gibt nichts, das mir hilft
    Ich bin längst besessen und verrückt
    Nichts, das meinen Schmerz und meine Schuld tilgt

WANDERER
    Jetzt sehe ich in deine Augen
    Ich sehe deinen toten Blick
    Ich sehe deinen Schmerz
    Der gleiche wie der meine,
    Mit dem du mich überfällst
    Sowie ein Teil von dir auf mich über ging
    Es ist ein trauriges Lied, das ich dir jetzt sing

ZEITMACHER
    Als dein Meister starb
    In jenem Tal, als es dunkel war
    Erkannte ich deine Qual
    So ich langsam deine Sinne stal
    Wegen mir liess er das Leben
    Er konnte dich nicht vor mir bewahren
    Er kannte die Gefahren
    Er wollte dich schützen, doch seine Zeit ging zu
    neige
    Du warst nicht feige
    Als du mir den Handschlag auf die Uhr gabst
    Vergib mir, dass ich dir das Dunkle zeige
    Dich zwinge, meine Schmerzen zu teilen

    Und deine schöne Zeit wollte ich stehlen

    Doch ich trage nicht die Schuld
    An seinem Tod

    Dämonen hatten dich im Griff
    Und er sah deine Not

WANDERER
    Der Anker, mein Meister mir gegeben
    Verdammt, wo ist jetzt mein Leben?
    Der Boden unter meinen Füssen
    Gleicht mir einem Erdbeben
    Mein Herz nur noch eine Wüste
    Ich will mich zur Ruhe legen

                (MORE)

WANDERER (cont'd)
    Der Anker, gewinne wieder
    Dein Leben, deine Liebe, dein Herz
    Bitte, singe wieder schöne Lieder
    Anker, führe mich durch diesen Sturm
    Und aufwärts

    Fühle mich wieder sicherer, leichter
    Im dunkel fühle ich dennoch Lichter
    Also, bringe mich hier wieder raus
    Ich Knie vor dir nieder
    Ich bringe uns beide wieder nach Haus'
    Ich habe die Hoffnung wieder, ich gebe nicht auf

    Der Anker, verliere nicht dein Wille zu leben
    Meine Zeit ist nicht abgelaufen
    Ich werde nicht stehen bleiben
    Ich will meine Liebe aufs neue teilen
    Ein Feuer in meinem Herzen neu entfachen
    Dass hoffentlich am Ende alle lachen

ZEITMACHER
    Doch, was soll ich machen?
    Worum bittest du mich?
    Du triffst mich im Herz
    Mit brennendem, warmem Stich
    Gib mir die Hand, entgegen dem Schmerz

WANDERER
    Ich in deine Augen schaue
    Erlaube mir, deine Hand zu halten

    Wir können einen neuen Anfang gestalten

    Bitte, tu etwas, dass unsere Uhren wieder richtig
    gehen.

    Du hast die Uhr doch gemacht
    Du bist der Macher der Zeit
    Du hast doch die Macht dafür
    Dass diese Zeit wieder richtig geht
    Bitte, tue etwas, das uns beide befreit
    Am Ende dieses Tals steht doch eine offene Tür

    Ich habe von dir viel gelernt
    Und viel begriffen
    Hast mein Herz ergriffen
    Doch bitte, gib mir wieder etwas, das mein Herz
    erwärmt
    Lass mich wieder zur Liebe finden
    So können wir gemeinsam das hier überwinden

ZEITMACHER
    Mir jetzt wird erst klar, was ich euch angetan
    Du hast mir diese Last genommen
    Hast mir Gutes getan
    Danke, so kann unser Leben wieder neu beginnen
                 (MORE)

(CONTINUED)

ZEITMACHER (cont'd)
     Hatte mich durch diese Uhr selber ins Verderben
     gestürzt
     Hart, doch was ich für dich jetzt getan
     Geniesse deine Zeit umso mehr
     Geniesse die Liebe umso mehr
     Der Fluch nun ist gebrochen
     Und ich werde dafür sorgen
     Dass du die kleinen und grossen Momente siehst
     Dass du die Zeit und die Liebe geniesst
     Dass dein Leben fliesst

WANDERER
     Du öffnest mir damit diese neue Tür
     Ich danke dir dafür

          Der Zeitmacher tritt ab.
          Der Wanderer bleibt noch eine Weile stehen, dann
          geht er von der Bühne.

AKT 5

Szene 1

Eine gewöhnliche Uhr hängt vor dem weissen Hintergrund. Ein Sofa ist platziert.

Der Wanderer tretet auf.

WANDERER
Nun, mich hat die Dunkelheit verlassen
Verlassen, einsam kalt und grau
Waren jene Strassen
Auf denen ich umher irrte,
Die mich an jenen Ort führten

Die Geliebte tretet auf, nähert sich langsam hinter ihm.

GELIEBTE
Ich will dich nun endlich wieder küssen
Oh, wie ich dich und deine Wärme so vermisste

Sie umarmt den Wanderer.

WANDERER
Steinige Strassen
Und ein kaputter Kompass
Mich nun wieder zu dir führten

GELIEBTE
Eine neue Liebe
Die düstere Zeit endlich besiege

WANDERER
Deine Hände mich nach alle dem so sanft berühren
Vor Tagen noch,
Ich war unten in einem Loch
Was auch immer es war, mir zur Qual

GELIEBTE
Nichts mehr, das wir jetzt auf Zwang
Tun müssen
Hast du wieder einen Hang
Zur Romantik?

WANDERER
Du hast ein wundervolles Geschick

Er küsst seine Geliebte.

GELIEBTE
Wie schön, die Uhr nun nicht mehr tickt
Wie schön, du bist erlöst
Und ich bin dir nicht mehr böse

Der Lichtmacher tretet auf.

(CONTINUED)

                    WANDERER
                         Ich jetzt ein Licht wieder seh'
                         Ich wieder gehe meinen Weg
                         Ich wieder aufstehe,
                         Aus einem kaputten Bett
                         Fühlte mich wie ein durchlöchertes Brett
                         Ich nach der Wärme suchte
                         Mich nur noch hin zu legen
                         Um zu fliehen

                    LICHTMACHER
                         Die Dämonen, es waren Diebe
                         Legten dich in trübe Wasser
                         Angst trieb dich, jetzt bist du gelassener

                    WANDERER

                                   (zu seiner Geliebten. Er nimmt ihre beiden
                                   Hände.)
                         Hier finde ich wieder Halt,
                         Ihr seid nun mein Anker
                         Und ich bin euch so dankbar

                    LICHTMACHER
                         Nimm dir deine Zeit
                         Dein Kompass ist wieder gerichtet
                         Wie es scheint
                         Schön, dass dein
                         Dunkler Nebel sich lichtet

                    GELIEBTE
                         Du fandest deinen Weg
                         Deine Uhr wieder richtig geht
                         Nimm dir deine Zeit
                         Und es ist dieser schöne Moment,
                         Der dich befreit

                    WANDERER
                         Nun bin ich wieder im Element
                         Der Liebe
                         Und ich geniesse den Moment

                         Erlöst nun
                         Von Dämonen, die in mir trieben
                         Jetzt sind sie weg
                         Die Tore öffnen sich wieder
                         Lichter scheinen auf mein Herz
                         In meinen Gedanken wieder schönere Lieder
                         Wie Kerzen und deren Schein auf meiner Haut
                         Und es wärmt
                         Mein Geist nun von schöneren Dingen schwärmt
                         Raus aus dem Dunkel, es mir wieder etwas Gutes
                         erlaubt
                         Mir geht es besser
                         Weg sind die Dämonen, die mich besassen
                         Weg sind die Messer in meinem Herz
                         Es tat weh und ich werd nicht vergessen, welch
                                        (MORE)

WANDERER (cont'd)
    Schmerz
    Die Tore öffnen sich wieder
    Sonne auf mein Herz, auf meine Stirn
    Noch müde sind meine Glieder
    Und ich bin froh, dass ich am Leben bin
    Vorüber ist der Sturm in meinen Gedanken
    In nun sanftem Herbstwind schwanken
    Trauerweiden
    Nach meinem inneren Leiden
    Möge etwas mir weiter den Weg zeigen
    Ich nun liege unter dem Baum
    Nebel, in dem ich verloren war, wird verweht
    Es kommt mir vor, als wär es ein Traum
    Und für jetzt will ich einfach nur ruhen
    In meinen Gedanken noch ein Rauschen
    Und ich will nur hier liegen
    Dem Wind lauschen
    Und seinen Liedern
    Diese Schönheit nun mich zu Tränen rührt
    Etwas Warmes mich nun berührt
    Ein Licht, das aus der Dunkelheit mich führt

    Der Dämon nun endlich schweigt
    Der Kompass wieder die richtige Richtung zeigt

GELIEBTE
    Weg von der Hetzerei
    Geniesse den Moment
    Lasse nun von der Liebe durchfluten deinen Leib

        Der Wanderer und seine Geliebte setzen sich auf
        das Sofa.

LICHTMACHER
    Ich kann etwas für dich tun
    Plötzlich etwas zu bekommen,
    Das du willst, was du brauchst
    Jetzt einer guten Stimme du lauschst
    So kannst du die Liebe neu erfahren

WANDERER
    Ach, du mir meinen Wunsch stillst
    Danke, einen Freund wie dich zu haben

LICHTMACHER
    Ich bin jetzt deine gute Fee
    Willst du einen Kaffee?

WANDERER
    Schön, einfach nur hier zu sitzen
    Und dass du mir etwas gibst

LICHTMACHER
    Ich will, dass du jetzt geniesst
    Dir wurde etwas genommen
    Nun, es ist wichtig, du sollst es zurückbekommen

(CONTINUED)

Der Lichtmacher verlässt den Raum.

WANDERER
      Schön ist diese kleine Tat
      Schön, wie diese kleine Tat verbindet
      In diesem Moment Erlösung und Glück ich finde
      Endlich entspannt, sich das Dunkel gelegt
      Ich geniesse
      Den schönen Moment erkannt

GELIEBTE
      Gönne dir diese Pause,
      Du bist wieder zu Hause.
      In Schönheit,
      In Liebe,
      Befreit.

WANDERER
      Ach, in welchem Zustand, wo bin ich gewesen
      5 Wochen ist es nun her
      Was war es, es war mir schwer
      Was bleibt nun, ist hier, Gedichte zu lesen
      Es geht mir besser nun,
      Licht am Ende eines Sturms, raus aus der Dunkelheit
      Ach bitte, lasst mich noch ein wenig ruhn
      Lasst mich noch ein wenig liegen, doch für jetzt bin
      ich befreit
      Was nicht heisst, dass das alles nun schweigt
      Wie ein Echo noch, es hallt mir nach
      Keine Schreie mehr in meinem Ohr
      Es waren dunkle Stunden
      Jetzt fühle ich mich okay, als wie zuvor
      Ich lege mich hin auf die Wiese
      Die Wolken vorüberziehen

          Der Lichtmacher kommt zurück und gibt dem
          Wanderer eine Tasse Kaffee.

LICHTMACHER
      Schön zu sehen, wie du endlich
      In dir ruhst

WANDERER
      Schön, wie du mir Gutes tust

GELIEBTE
      Und schön, meine Hand in deine zu legen.

      Alle treten ab.

                    Szene 3

      Die Autorin tretet auf.

AUTORIN
      Es ist schön zu sehen,
      Wie etwas neues entsteht
                    (MORE)

AUTORIN (cont'd)
>Aus dem dunkel wieder ein Licht aufgeht
>Sich der Sturm zur Ruhe legt
>
>Schön, daraus etwas zu geben
>Jetzt zu sehen, es ist wieder gut
>In meinem Herz, meinem Blut
>Und Liebe und mein Gemüt kommt wieder ins Lot
>
>Der Wanderer nun Befreiung und Liebe fand
>Und voller Dankbarkeit nimmt er seiner Geliebten Hand
>Vereint sind die beiden jetzt
>Welch schönes Fest

© 2022, Claudia Büchler
Herstellung und Verlag: BoD - Books on
Demand, Norderstedt
ISBN:9783756201976